QUINO

Mafalda
et ses amis

TOME 8

EDITIONS Glénat

© 1984 Éditions Jacques Glénat pour la version française - B.P. 285 - 38009 Grenoble Cedex
© World copyright by Quino (Joaquin Salvador Lavado)
© Traduction française Quino et Quipos, S.r.l. Milan
Traduction française J. et A.-M. Meunier
Couleur : Sophie de Valukhoff
ISBN 2-7234-0469-2

Achevé d'imprimer sur les presses de l'Imprimerie du Marval en octobre 1984

JE PARIE QUE JE DOUBLE LE GROS LÀ-BAS AVANT QU'IL N'ARRIVE AU COIN.

HA!

HA! QUOI?

LA SONNETTE. ET JE SUIS EN RETARD!

BONJOUR, MADAME! UTILE POUR L'HOMME OU LA FEMME, À LA MAISON, AU BUREAU, À L'ATELIER, LA PASTILLE MAGNÉ-TIQUE "PLIC" QUI S'APPLIQUE PARTOUT...

..SUR N'IMPORTE QUELLE SURFACE, SANS COLLE, NI CLOUS, SANS SALIVE, SANS EFFORT, UNE MERVEILLE! DIX FOIS PRIMÉE AU CONCOURS LÉPINE... ELLE EST VENDUE AUJOURD'HUI AU PRIX COÛTANT...

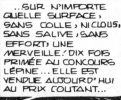

1242

PAPA, ENFIN TOI! T'ES REVENU MON PETIT PAPA! TU VAS ÉPOUSER MAMAN ET NOUS SERONS HEUREUX, HEIN? MON PAPA!

DE RIEN MAMAN.

1243

ON VA TUER LE COCHON, NON?

A LES ENTENDRE JOUER, JE ME SENS LE GAMIN D'AUTREFOIS.

1244

YOUH OUH OUH!! SABRE AU CLAIR! A L'ABORDAGE

AU CLAIR DE QUOI?

AVORTAGE IL A DIT?

JE SUIS LE GAMIN ...D'AUTREFOIS.

3

VENEZ VOIR! ON VIENT DE NOUS LIVRER LA VOITURE DE PAPA!

BANDE DE FILS DE PIÉTONS RENÉGATS! MATÉRIALISTES!

QU'EST-CE QU'ELLE EST CHOUETTE LA VOITURE!

ELLE EST TRÈS JOLIE! MES FÉLICITATIONS!

MERCI, MIGUELITO, MERCI.

MAINTENANT QU'ON A UNE VOITURE, OÙ VA-T-ON EN VACANCES, PAPA?

A LA MONTAGNE!.. BRRRR... BRRRRRR... AH LE CRÉTIN! SERRE-TOI DONC AU BORD DU PRÉCIPICE! BBBBBRRRRRRRR!

!

IL FAUT ACHETER UNE BÂCHE POUR LA COUVRIR, PARCE QUE L'AIR MARIN OXYDE LES CHROMES. LE PARASOL TIENDRA DANS LE COFFRE? COMME ÇA, ON N'AURA PAS BESOIN DE LOUER DE CABINE. ON A CE QU'IL FAUT COMME FILETS? MOI, J'AI UN SHORT...

HEUREUSEMENT QU'IL Y A UN PARKING AU COIN DE LA RUE POUR LA NUIT!

ET IL EST SYMPA, LE TYPE! JE LUI AI DEMANDÉ: "Y A PAS DE RISQUES ICI, NON?"-"VOUS POUVEZ ÊTRE TRANQUILLE" IL M'A DIT.

BON, ALLEZ! BONNE NUIT, TOUT LE MONDE!

4

AH AH! LA FILLE QUI ESSUIE LA VAISSELLE!

JE ME SUIS RÉPÉTÉ DIX MILLE FOIS QU'AIDER MA MÈRE, C'ÉTAIT PAS ÊTRE UNE FILLE, C'ÉTAIT ÊTRE GENTIL, D'ACCORD?

LES HOMMES GEN-TILS AIDENT LEUR MÈRE! ALORS, NE MÉLANGEONS PAS TOUT: ÊTRE UNE FILLE, C'EST UNE CHOSE; ÊTRE GEN-TIL UNE AUTRE.

AH! AH! LA GENTIL-LE FILLE QUI ESSUIE LA VAISSELLE!

FIGURE-TOI QU'À MIDI TON PÈRE EST PASSÉ EN VOITURE DEVANT LA BOULANGERIE, ET IL Y A UNE DAME QUI A DIT...

EH BIEN! VOILA QUE CE FAUCHÉ A UNE VOITURE MAINTENANT!

OH!... TU AS BIEN ENTENDU?

NON! MOI, JE N'Y ÉTAIS PAS! C'EST MA MÈRE QUI Y ÉTAIT!

C'ÉTAIT BIEN DE MON PÈRE QUE PARLAIT CETTE DA-ME; IL DEVAIT Y AVOIR D'AUTRES TYPES EN VOITURE, NON?

OUI, ÉVI-DEMMENT...

MAIS MA MÈRE CONNAIT BIEN TON PÈRE, NON?

DE LA SOUPE! TOUJOURS DE LA SOUPE! POURQUOI ÇA, MAMAN?

POURTANT, ON S'AIME! TU AS DE L'AMOUR POUR MOI...

... ET J'AI DE L'AMOUR POUR TOI!

POURQUOI RISQUER DE ROMPRE NOTRE IDYLLE?

LA NATURE S'EST BIEN MOQUÉE DE NOUS! TU NE CROIS PAS QU'ELLE AURAIT PU NOUS DONNER LA CAPACITÉ DE VOLER, COMME LES OISEAUX?

MAIS ON PEUT! IL Y A DES BOEING, DES AIRBUS, DES FUSÉES, DES NAVETTES SPATIALES!

DES PROTHÈSES, TOUT ÇA!

PST! PAPA!

HEIN?

CE TRUC DES PARENTS QUI VEILLENT TOUJOURS SUR LEURS ENFANTS.

OUI, QU'EST-CE QU'IL Y A?

TU DÉTRUIS LE MYTHE À COUPS DE RONFLEMENTS.

TU ME DONNES LA MOITIÉ DE TON NOUGAT ET JE TE DONNE LA MOITIÉ DE MA POMME?

J'EN VEUX PAS DE TA POMME. TU PEUX TE LA MANGER TOUTE ENTIÈRE.

TRÈS BIEN.

REQUIEM POUR UN PETIT VER.

RESTE-LÀ UN MOMENT, JE VEUX VOIR QUELQUE CHOSE.

ET VOILÀ COMMENT COLOMB A DÉCOUVERT L'AMÉRIQUE!

ELVIRA M'A RACONTÉ L'HISTOIRE DE CLAUDINE ET DE SON MARI. JE T'ASSURE QUE, VU SOUS UN MAUVAIS ANGLE, L'AFFAIRE EST PASSIONNANTE!

MAFALDA! TU VEUX RE- GARDER SI CE N'EST PAS LA PAGE DES SPORTS QUI TRAÎNE LÀ-BAS?

À CE POINT, JE CROIS BIEN QUE C'EST ÇA!

NOUVEAUX HEURTS ENTRE ARABES ET ISRAÉLIENS

MA MÈRE M'A EXPLIQUÉ COMMENT ON FAISAIT LES ENFANTS LES PÈRES MET- TENT UNE PETITE GRAINE DANS LES MÈRES. TU LE SAVAIS?

BEN, OUI.

UNE PETITE GRAINE, TU TE RENDS COMPTE? MAINTE- NANT TOUT EST CLAIR, POUR MOI. J'AI TOUT COMPRIS!

MAINTENANT C'EST AVEC LA BOTANIQUE QUE J'AI DES PROBLÈMES...

ALORS TA MÈRE T'A EXPLIQUÉ?

OUI.

QU'EST-CE QU'ELLE LUI A EXPLIQUÉ?

LA PETITE GRAINE QUE LES PÈRES METTENT DANS LES MÈRES.

BOF! C'EST TELLE- MENT CONNU QUE ÇA N'INTÉRESSE PLUS PERS...

?

LE 15 VERTICAL, MAINTENANT. IL A...UNE, DEUX, TROIS, QUATRE, CINQ, SIX, SEPT,...HUIT LETTRES.

MMH!

15 VERTICAL: MARTYR.

HÉROS QUI N'A PAS DE CHANCE.

ET POURQUOI UNE VÉ- RITÉ NE POURRAIT-ELLE AVOIR LE NOMBRE DE LETTRES QUI LUI PLAÎT?

ÇA, C'EST LA FIN DE TOUT!

N'EXAGÉREZ PAS! C'EST SEULEMENT LA SUITE DE VOTRE DÉBUT!

PAPA, QUAND TU ÉTAIS JEUNE, VOUS SCANDALI- SIEZ LES VIEUX?

OH! ILS NOUS TRAI- TAIENT DE TOUS LES NOMS!

"QUELLE MANIÈRE DE S'HABILLER! MAIS OÙ ALLONS-NOUS? DE NOTRE TEMPS, ÇA NE SE FAISAIT PAS!"

INCROYABLE! COMME LES VIEUX DE MAINTENANT!

EH OUI.

ET POURTANT, DE MON TEMPS, ON NE S'HABILLAIT PAS COM- ME DES CLOWNS EFFÉMINÉS, ON NE VOYAIT PAS LES HORREURS DE MAINTENANT ON NE TRAÎNAIT PAS COMME...

POUR TON INTELLIGENCE, MANOLITO! C'EST SI TRI- STE UNE TOMBE SANS FLEURS!

8

LE PAUVRE GUILLE A DU VOIR ÇA... ÇA A DU LUI FAIRE UNE DE CES PEURS!

¡P'TU'Á!

MA MÈRE A DU M'ACHETER DES TABLIERS D'ÉCOLE, TOUS CEUX DE L'ANNÉE DERNIÈRE SONT TROP PETITS!

J'ÉTAIS TRISTE À L'IDÉE QU'IL FALLAIT LES JETER...

MAIS MA MÈRE M'A DIT QUE NON, QU'IL Y AVAIT TOUJOURS UNE PAUVRESSE À QUI LES DONNER.

AH BON! TANT MIEUX! QUELLE CHANCE TU AS!

TOUJOURS AUSSI NÉGATIVE!

NON, FELIPE NE VEUT PAS SORTIR JOUER. IL NE VEUT VOIR PERSONNE. IL DIT QU'IL EST ANGOISSÉ PARCE QU'IL Y A LA RENTRÉE DES CLASSES.

ÇA LE PREND DÉJÀ? DITES À L'ANGOISSÉ QUE LA RENTRÉE DES CLASSES, C'EST POUR TOUT LE MONDE! IL DOIT AUSSI PENSER AUX AUTRES!

IL DIT QU'IL N'A PAS À PENSER AUX AUTRES! QUE SON ANGOISSE N'EST PAS UN HALL DE GARE!

DÉPÊCHE-TOI, FELIPE! MON PÈRE NOUS EMMÈNE A L'ÉCOLE EN VOITURE!

JE VI... EN VOITURE? OUI! VIENS VITE!

DÉSOLÉ, MONSIEUR. IL Y A EU UN HOLD-UP EN FACE DE L'ÉCOLE. LA ZONE EST BOUCLÉE. TOUS LES ACCÈS SONT FERMÉS!

QU'EST-CE QUE TU FAIS? DÉPÊCHE-TOI UN PEU! ON VA ÊTRE EN RETARD!

¡BONK!

ALORS? COMMENT ÇA A ÉTÉ!

BIEN, MAIS JE NE COMPRENDS VRAIMENT PAS LA MAÎTRESSE DE CETTE ANNÉE.

SI ON EST SAGE, ELLE EST CONTENTE ET ELLE A L'AIR COHÉRENTE.

MAIS SI ON CHAHUTE, ON NE PEUT PLUS SAVOIR.

OU BIEN ELLE PEUT NOUS REGARDER D'UN AIR FÉROCE ET NOUS FAIRE MOURIR DE PEUR...

...OU FAIRE SA TÊTE DE SMICARDE ET NOUS FAIRE PLEURER DE PITIÉ.

QU'EST-CE QUE TU FAIS DEVANT CE TÉLÉVISEUR DÉBRANCHÉ?

JE PENSE, JE VOULAIS ME PAYER LE LUXE DE POUVOIR PENSER EN ÉTANT ASSISE A LE REGARDER.

10

11

MON PÈRE A UN TRUC BIZARRE...

LE SOIR, QUAND IL SE COUCHE, IL ÉTEINT, ET DE MON LIT, JE L'ENTENDS SOUPIRER TRISTEMENT "MON DIEU!" ET PUIS UN MOMENT APRÈS, ENCORE "MON DIEU!"...

ET PLUS LA FIN DU MOIS APPROCHE, PLUS IL DEVIENT MYSTIQUE, NON?

DIS-MOI, MAFALDA, QUAND TON PÈRE SE COUCHE LE SOIR, TU NE L'ENTENDS PAS SOUPIRER "MON DIEU?"

SI, POURQUOI?

D'APRÈS MANOLITO, PLUS UN PÈRE SOUPIRE "MON DIEU", PLUS IL A DE PROBLÈMES D'ARGENT.

C'EST MALIN! ENCORE UNE TROUVAILLE DE MANOLITO!

IL APPELLE ÇA "LA THÉOLOGIE DE L'ENDETTÉ".

ÉCOUTE UN PEU ESPÈCE DE CRÉTIN HÉRÉTIQUE! QU'EST CE QUE TU AS RACONTÉ À MIGUELITO?

MOI? CE QUE JE LUI AI DIT?

QUE QUAND QUELQU'UN SOUPIRE "MON DIEU" C'EST QU'IL A DES PROBLÈMES D'ARGENT! TU CROIS QUE TOUT LE MONDE A CETTE IDÉE DE DIEU?

NON, BIEN SÛR.

SEULEMENT CEUX QUI L'EMBÊTENT POUR DES BÊTISES.

ÉTEINS LA LUMIÈRE, MAFALDA! C'EST L'HEURE DE DORMIR, MAINTENANT!

D'ACCORD!

DEMAIN J'AI UNE ÉCHÉANCE! J'AI ÉTÉ BIEN INSPIRÉ DE ME METTRE UN CRÉDIT SUR LE DOS POUR ACHETER UNE VOITURE!

☀ MON DIEU! ☀

"SECTION AUTOMOBILES, TROISIÈME NUAGE À DROITE, MON FILS".

12

ON VA JOUER COMME JE DIS! D'ACCORD?

NON!

ATTENTION, HEIN? SINON JE ME FÂCHE ET JE M'EN VAIS!

FÂCHE-TOI ET VA-T'EN!

DITES-MOI LA VÉRITÉ, C'EST MON CHARISME TRÈS PARTICULIER QUI VOUS GÊNE, HEIN?

BUÁÁÁ!

QU'EST-CE QUI SE PASSE? POURQUOI TU PLEURES?

J'AI GROSSI DEPUIS L'ANNÉE DERNIÈRE ET JE NE PEUX PLUS RENTRER DANS MON BIKINI!

SÑOG!

JE TE DIRAIS BIEN QUE LA MOITIÉ DE L'HUMANITÉ N'A PAS PU GROSSIR D'UN GRAMME PARCE QU'ELLE N'A RIEN EU A MANGER...

MAIS TU AS BESOIN D'ÊTRE CONSOLÉE, PAS D'AVOIR L'AIR BÊTE N'EST-CE PAS?

CE SONT LES DERNIERS PRÉPARATIFS DES VACANCES QUE NOUS PRENONS POUR NOUS REMETTRE DES DERNIERS PRÉPARATIFS DES VACANCES QUE NOUS AVONS PRISES.

HIER J'AI DIT A' MON PÈRE QU'ON POURRAIT FERMER LA BOUTIQUE QUELQUES JOURS ET PRENDRE DES VACANCES. ET ALORS?

DES VACANCES?

...A-T-IL DEMANDÉ?

BIEN SÛR! UN PEU D'AIR ET DE SOLEIL, C'EST BON POUR LA SANTÉ!

...AI-JE DIT.

ET LES CLIENTS?

...A-T-IL DEMANDÉ.

LES CLIENTS IRONT FAIRE LEURS COURSES AILLEURS.

...AI-JE DIT.

CET HOMME A-T-IL EU UN CHOC ÉMOTIONNEL!

A DEMANDÉ LE MÉDECIN.

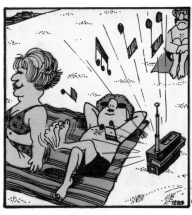

ENCHANTÉE! JE VIENS D'ARRIVER AVEC MA FAMILLE POUR PROFITER DU CALME DE CETTE PLAGE.

MAFALDA...

OUI?

DONNE-MOI LES CIGARETTES ET LES ALLUMEUSES QUI SONT DANS MA CHEMISE?

N'AS UN BÉBÉ DANS LE VENTE, TOI?

ON ROUGIT AU SOLEIL LES PREMIERS JOURS! NORMAL.

MMOUI, C'EST ÇA.

HOTEL Goviota

EXCUSEZ-MOI, MONSIEUR J'AI L'IMPRESSION DE VOUS CONNAÎTRE... MAIS... D'OÙ ?

JE NE SAIS PAS... JE TRAVAILLE POUR UNE COMPAGNIE D'ASSURANCES.

AH NON ! IL EST ÉVIDENT QUE JE VOUS AI CONFON-DU AVEC QUELQU'UN DE PLUS LIÉ À MA PROFES-SION. EN SHORT, NOUS SOM-MES TOUS ÉGAUX, N'EST-CE PAS ?

C'EST BIEN VRAI ! VOUS ÊTES ?

MÉDECIN

AH ! JE VOIS !

RICARDITO ! NE TE MOUILLE PAS LES PIEDS ! TU POURRAIS ATTRAPPER MAL !

RICARDITO ! JETTE CE COQUILLAGE ! IL PEUT Y AVOIR DES SALETÉS À L'INTÉRIEUR, MON CHÉRI.

RICARDITO ! METS TON CHAPEAU, MON TRÉSOR ! LE SOLEIL EST TRÈS FORT !

ON A TOUJOURS DIT QU'UNE MÈRE, C'ÉTAIT **TOUT**, MAIS ON N'A PAS DIT QUEL **TOUT** ÇA POUVAIT DEVENIR.

BONJOUR ! TU ES TOUTE PETITE ! COM-MENT TU T'APPEL-LES ?

LIBERTÉ !

ÇA Y EST ? TU L'AS TA FORMULE STUPIDE ? CELLE QUE TOUT LE MONDE DIT QUAND JE ME PRÉSENTE ?

J'AI AMENÉ UNE AMIE. ELLE S'APPELLE LIBERTÉ!

LIBERTÉ? ELLE EST TOUTE PETITE.

ET TOUTE BRONZÉE!

ON VOIT BIEN QU'ELLE EST EN VACANCES DE-PUIS LONGTEMPS

J'AI AMENÉ UNE AMIE. PAS UNE ALLÉGORIE.

?

¿

QUI C'EST ÇA?

ELLE S'APPELLE LIBERTÉ, GUILLE.

ET JE SUIS BIEN PLUS VIEILLE QUE TOI! TU AS QUELQUE CHOSE A' DIRE SUR MA TAILLE?

ÇA VAUT MIEUX! ON NE VOIT PAS POURQUOI NOUS, LES PETITS, NOUS DEVRIONS SUPPORTER LE COMPLEXE D'ALTITUDE DES AUTRES.

ON DIRAIT QUE TU N'AIMES PAS BEAUCOUP LES GRANDS, LIBERTÉ?

C'EST BIEN VRAI! EN GÉNÉRAL, CE SONT TOUS DES BARJOTS.

TES PARENTS AUSSI SONT DES BARJOTS?

ÇA LEUR ARRIVE, OUI.

EN RÉALITÉ, ILS NE LE SONT PAS VRAIMENT, MAIS ILS ONT DES CRISES.

BIEN SÛR, ILS NE S'EN RENDENT PAS COMPTE!

JE NE COMPRENDS PAS CES GENS QUI NE SAVENT PAS S'ENNUYER SANS EMBÊTER LES POISSONS.

QUI T'A DIT QUE JE M'ENNUYAIS?

MOI, CEUX QUE JE NE COMPRENDS PAS, C'EST CEUX QUI NE SAVENT PAS SE DISTRAIRE SANS EMBÊTER LES POISSONS.

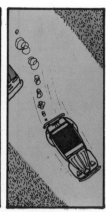

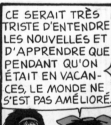

YOUH! OUH! J'AI ÉTÉ PAYÉ!

YOUH! OUH! J'AI ÉTÉ PAYÉ.

LE BEURRE QUE TU M'AS VENDU CE MATIN, IL EST RANCE!

RANCE? NOON!

IL EST D'ÉPOQUE, VOILÀ TOUT!

DE LA ZOUPE, MAMAN! ENCORE!

DE LA ZOUPE! DE LA ZOUPE! DE LA ZOL'PE!

DE LA ZOUPE... DE... LA... ZOUPE...

NNNNN!

NN...!

DE LA ZOUPE! DE LA ZOUPE!

TOC-TOC

ON FRAPPE... LA SONNETTE EST CASSÉE?

?

BONJOUR! VOUS VOUS SOUVENEZ? NOUS NOUS SOMMES RENCONTRÉES À LA MER. J'HABITE À 200 M. D'ICI. "À 200 M.? QUELLE COÏNCIDENCE", DIREZ-VOUS. "N'EST CE PAS?" DIRAI-JE...

MAIS JE NE SUIS PAS VENUE ICI DÉBITER DES CLICHÉS, JE SUIS VENUE VOIR MAFALDA.

PARDON.

AH! J'OUBLIAIS, CE N'EST PAS DE L'EFFRONTERIE, C'EST DE L'AISANCE.

 MAÎTRESSE, JE PEUX ALLER AUX TOILETTES S'IL-VOUS-PLAÎT?

 C'EST PRESSÉ?

TRÈS PRESSÉ!

ALORS, VAS-Y!

 M... POUR LE MARCHAND DE VIN QUI A MIS LES 218 LITRES D'UNE BARRIQUE DANS JE NE TROUVE PAS COMBIEN DE BOUTEILLES DE 75 CL.!

 MERCI.

 DU SANG! DU SANG! DU SANG! DU SANG! À LA CHARGE!

 QU'EST-CE QUI SE PASSE ENCORE?

 ET VOUS PLEUREZ MAINTENANT? ÉVIDEMMENT VOUS PLEUREZ !

 LOGIQUE, LA SEULE CHOSE QUI PUISSE ENFLER SANS DOULEUR, C'EST LE PORTE-MONNAIE.

 BONJOUR, SUSANITA. JE TE PRÉSENTE LIBERTÉ.

BONJOUR LIBERTÉ. J'ESPÈRE QUE NOUS NOUS ENTENDRONS BIEN.

 MOI, J'AIME LES GENS SIMPLES.

C'EST VRAI? MAIS C'EST FANTASTIQUE, ÇA!

 SOIS SIMPLE, UN INSTANT... POUR VOIR!

 COUPEZ!

 PAPA! C'EST L'HEURE OÙ MAMAN DEMANDE TOUJOURS CE QU'ON VEUT MANGER.

ET ALORS?

 ALORS ÇA VA ÊTRE LA COMÉDIE DE TOUS LES JOURS: "JE NE SAIS PAS MOI, CE QUE TU VEUX"- "MOI, ÇA M'EST ÉGAL"- "CE QUI TE DONNE LE MOINS DE TRAVAIL"- "JE NE SAIS PAS, MOI, QUELQUE CHOSE DE TOUT SIMPLE"...

TU AS RAISON.

 QU'EST-CE QUE VOUS VOULEZ MANG...

AH, LES LÂCHES!

GUILLE! TU AS PRIS MON MARQUEUR NOIR?

QUEL MA-QUEUR?

TU AS DU TOUPET! OÙ L'AS TU MIS?

DANS MON BU-EAU!

C'EST UNE IDÉE GÉNIALE DE DESSINER PAR TERRE AVEC CETTE SALETÉ DE MARQUEUR! MAINTENANT, C'EST MAMAN QUI NETTOIE!

NAN! MAMAN, ELLE EST GENTILLE! QUAND TOI FÂCHÉE, TOI PLUS MAMAN!

FÂCHÉE OU PAS, JE SUIS TOUJOURS TA MÈRE, TU ENTENDS?

NAN! MOI PAUVRE ORPHELIN!

SNIFF

ÇA SUFFIT AVEC VOTRE ROMAN-FEUILLETON! VOUS M'EMPÊCHEZ DE FAIRE MES DEVOIRS!

TU VAS MOURIR!

COMME LE GRAND-PÈRE DU MARCHAND DE JOURNAUX? LE PAUVRE! IL AVAIT 93 ANS ET NE VOULAIT PAS ÉCOUTER LE MÉDECIN. JE CROIS QU'IL Y ALLAIT FORT SUR LE PETIT BLANC, ET PUIS AU MOIS D'AOÛT DE L'ANNÉE DERN...

BONJOUR! TON PÈRE EST LÀ?

DE LA PART DE QUI?

DU JOURNAL "LA VOIX DU QUARTIER". NOUS FAISONS APPEL À TOUTES LES BONNES VOLONTÉS.

ET QU'EST-CE QU'IL PEUT FAIRE, MON PÈRE?

SOUSCRIRE. IL NE S'AGIT QUE D'UNE TOUTE PETITE DÉPENSE.

COMME ÇA? SANS ANESTHÉSIE, NI RIEN?

INDICATIF PRESENT DE *CRAINDRE*

JE CRAINS.

IMPARFAIT DE L'INDICATIF DE *PARTIR*

JE PARTAIS.

INDICATIF FUTUR DE *AIMER*

DES ENFANTS!

QUE M'APPORTEZ-VOUS LÀ, TUDIEU! LOIN DE MOI, CE VIL BREUVAGE!

QU'IL SOIT FAIT SELON VOS SOUHAITS! CE N'EST PAS MOI QUI SERAI RACHITIQUE!

ELLE SE FAIT PSYCHANALYSER EN DOUCE?

TU AIMES LES PLANTES, LIBERTÉ?

EN POTS, NON. J'AIME LES PLANTES EN PLEINE TERRE, MOI.

BIEN SÛR, MAIS C'EST IMPOSSIBLE. JE VIS EN APPARTEMENT.

VOUS M'AVEZ DEMANDÉ SI J'AIMAIS LES PLANTES, PAS SI J'AIMAIS VOTRE VIE!

JE POSE DONC: SI UN PUISATIER CREUSE UN PUITS...

TRÍÍÍÍÍÍING.......
TRÍÍÍÍÍÍING.......

MAMAN! C'EST POUR UN SONDAGE! QU'EST-CE QUE TU REGARDES À LA TÉLÉ?

VOILÀ, MADEMOISELLE: IL Y A UNE JEUNE FILLE CE N'EST PAS QUE JE SOIS VIEUX JEU, MAIS ELLE A TORT DE TROMPER SON FIANCÉ, UN GARÇON SI SÉRIEUX, UN AVOCAT, FIGUREZ-VOUS. ELLE LE TROMPE AVEC UN TYPE DE L'ATELIER; INCROYABLE NON? UNE FILLE DE SI BONNE FAMILLE! QU'EST-CE QU'ELLE TROUVE À UN OUVRIER? IL N'EST PAS MAL, MAIS C'EST UN OUVRIER! JE N'AI RIEN CONTRE LES OUVRIERS, MAIS...

BONJOUR! SUSANITA M'A DIT QUE TU AVAIS UNE TORTUE. JE VIENS LA VOIR. TU L'AS APPELÉE COMMENT?

BUREAUCRATIE.

BUREAUCRATIE! EN VOILÀ UNE IDÉE! POURQUOI DIABLE BUREAUCRATIE? C'EST MALIN, ÇA!

ET ALORS?

ELLE EST RENTRÉE DANS SA CARAPACE. SI TU ÉTAIS VENU PLUS TÔT.

ET C'EST FINI POUR AUJOURD'HUI? MAIS C'EST INCROYABLE! JE SUIS VENU SPÉCIALEMENT!

JE REGRETTE. C'EST FINI POUR AUJOURD'HUI. REVIENS DEMAIN.

DEMAIN? À QUELLE HEURE À PEU PRÈS?

ÇA, JE NE PEUX PAS TE DIRE.

AH, BON. JE REVIENDRAI DEMAIN...

AVEC TOUT ÇA, JE NE SAIS TOUJOURS PAS POURQUOI ELLE LUI A DONNÉ CE NOM...

EH BIEN!

IL SUFFIT D'UNE SECONDE D'INATTENTION, ET C'EN EST FINI DE LA POÉSIE DE L'ENFANCE.

¡BANG!

QUE LA NATURE EST SAGE! SI J'AVAIS TUÉ CET OISEAU, JE N'AURAIS PAS FERMÉ L'OEIL PENDANT TROIS MOIS.

Y A PAS DE NOMBRIL!

ELLE N'A PAS DE NOMBRIL PARCE QU'ELLE EST NÉE DANS UN OEUF...

OÙ ELLE A MIS SES AILES?

ELLE N'A PAS D'AILES NON PLUS.

MAIS, SI ELLE EST NÉE DANS UN OEUF?

TOUT CE QUI NAÎT DANS UN OEUF N'A PAS FORCÉMENT DES AILES, VOYONS! IL Y A LES POISSONS, LES ARAIGNÉES, LES SERPENTS, LES OISEAUX, LES FOURMIS, LES GRENOUILLES...

Z'EST LA PAGAILLE, CHEZ LES OEUFS!

TU CROIS AUX SPECTRES, TOI?

AUX SPECTRES, NON.

ET LE SPECTRE DE L'INFLATION? J'AI ENTENDU UN MONSIEUR PARLER DU SPECTRE DE L'INFLATION.

AH OUI! MAIS ÇA, ÇA N'EST PAS VRAIMENT UN SPECTRE.

QU'EST CE QUE C'EST?

C'EST LE RISQUE D'UNE AUGMENTATION DU COÛT DE LA VIE.

AAAAH!

DIS DONC, TON AMI FELIPE, C'EST CELUI QUI A LES CHEVEUX EN FEUILLES D'ARTICHAUT?

NON, ÇA C'EST MIGUELITO.

JE CROYAIS QUE FELIPE C'ÉTAIT CELUI AUX CHEVEUX EN FEUILLES D'ARTICHAUT ET AUX DENTS COMME ÇA. LES DENTS COMME ÇA, OUI, C'EST FELIPE.

C'EST ÇA, CELUI QUI A UNE BOUTIQUE!

MAIS NON.

TIENS, JUSTEMENT CELUI QUI ARRIVE, C'EST FELIPE!

BONJOUR. JE NE SAIS PAS SI JE VAIS M'ENTENDRE AVEC TOI, FELIPE. J'AIME LES GENS SIMPLES.

MAFA'DA? MAFALDA EST À L'ÉCOLE GUILLE. ELLE TRAVAILLE BEAUCOUP, BEAUCOUP...

PAPA?

PAPA EST AU BUREAU IL TRAVAILLE BEAUCOUP, BEAUCOUP.

ON ZOUE A' ZAUTE-MOUTON?

VOILA', MADAME C'EST TOUT?

C'EST TOUT, MANOLITO.

LAISSEZ... SI JE PEUX...

IL NE MANQUERAIT PLUS QUE ÇA, QUE JE NE VOUS AIDE PAS! ET VOTRE MARI? IL Y A LONGTEMPS QUE JE NE L'AI PAS VU...

MOI NON PLUS! BIEN, JE SUPPOSE!

UNE FROIDEUR COMMERCIALE... QUAND EST-CE QUE JE ME METTRAI DANS LA TÊTE QU'IL FAUT TRAITER LES CLIENTS AVEC UNE FROIDEUR COMMERCIALE.

PUISQU'IL IL FAUT ACCEPTER LA RÉALITÉ, QU'AU MOINS CE SOIT AVEC ÉLÉGANCE!

MON DIEU! MON DIEU!

QUELLE RÉALITÉ FAUT-IL ACCEPTER, SUSANITA?

QUE TOUS LES FILMS AIENT DES COUPURES.

ET L'ÉLÉGANCE, CE SERAIT QUOI?

QUE LA COMMISSION DE CENSURE FASSE APPEL À PIERRE CARDIN.

ENCORE UN QUI A LE SOUPIR THÉOLOGIQUE!

TU VIENS JOUER? J'AI UNE IDÉE TERRIBLE! JE SERAIS TOI, ET TU SERAIS MOI, D'ACCORD?

ON Y VA! TU COMMENCES!

TU AS ENTENDU LES NOUVELLES? ÇA VA MAL PARTOUT! J'EN AI ASSEZ DES CHINOIS DES ARABES DES RUSSES, DES NORD-AMÉRICAINS DES ISRAËLIENS DES VIETNAMIENS LE MONDE EST POURRI!

HI! HI! HI! HI!

HA! HA! HA! HA!

MOI QUI RIS COMME UN CRÉTIN, JE N'AI PAS ENCORE FAIT MES DEVOIRS! ET IL EST TRÈS TARD! JE ME SENS TOUT ANGOISSÉ! COMMENT JE VAIS M'EN TIRER!

MON DIEU, C'EST VRAI, ÇA! COMMENT JE VAIS M'EN TIRER?

¡SLAM!

MAMAN! C'EST MAFALDA QUI VIENT JOUER AVEC MOI!

TRRRÈÈÈS BBIEENN!

IL EST SI GRAND QUE ÇA, TON APPARTEMENT?

NON, MAIS ON SE PARLE TOUJOURS COMME ÇA, POUR FAIRE SEMBLANT.

¡TACATÍC!-¡TÍC!-¡TITÍKTIK!-TÍKITAT-TAK-TÍK-TÍK-TAKÍT!

QU'EST-CE QU'ELLE TAPE, TA MÈRE?

ELLE FAIT DES TRADUCTIONS. ET LE SALAIRE DE PAPA, IL SERT À PAYER L'APPARTEMENT.

MA MÈRE PARLE FRANÇAIS. LES FRANÇAIS ÉCRIVENT DES LIVRES EN FRANÇAIS. ET ELLE, ELLE LES COPIE COMME ON PARLE NOUS, ET AVEC CE QU'ELLE GAGNE, ELLE ACHÈTE DES PÂTÊS ET DES TRUCS COMME ÇA.

IL Y A UN TYPE... ATTENDS, COMMENT IL S'APPELLE? JEAN-PAUL... JEAN-PAUL BELMON...NON! JEAN-PAUL...SASTRE, JE CROIS...

AH! SARTRE?

C'EST ÇA! EH BIEN, LE DERNIER POULET QU'ON A MANGÉ, C'EST LUI QUI L'A ÉCRIT.

25

ALORS LA MÈRE DE LIBERTÉ EST TRADUCTRICE?

OUI. ELLE VIENT D'AVOIR SON DIPLÔME.

COMMENT ÇA "ELLE VIENT"? ELLE S'EST MARIÉE AVANT DE L'AVOIR?

OUI.

QUAND ELLE S'EST MARIÉE, ELLE ÉTAIT ENCORE ÉTUDIANTE ET LE PÈRE DE LIBERTÉ AUSSI.

COMMENT? ILS ÉTAIENT ÉTUDIANTS TOUS LES DEUX?

MAIS OUI.

C'EST PAS VRAI.

SI CÉLIBATAIRES ET SE MARIER! C'EST DINGUE!

J'AI ÉTÉ CHEZ LIBERTÉ. IL EST TOUT PETIT SON APPARTEMENT.

AH?

J'AI VU SA MÈRE AUSSI. ELLE TRAVAILLE SA MÈRE.

AH?

OUI, ELLE EST TRADUCTRICE DE FRANÇAIS.

AH?

ÉVIDEMMENT, QUAND ELLE S'EST MARIÉE, ELLE N'A PAS ABANDONNÉ SES ÉTUDES, COMME CERTAINES.

ELLE A EU PLUS DE VOLONTÉ QUE... ENFIN, BREF!

COURAGE, MAMAN! LE JOUR OÙ LA TERRE SERA À CELUI QUI LA TRAVAILLE, TU SERAS PROPRIÉTAIRE D'UN TAS DE POUSSIÈRE, JE NE TE DIS QUE ÇA!

SI TU ES TOMBÉ AMOUREUX DE TA FEMME POUR SON SENS DE L'HUMOUR C'EST RAPÉ!

ET TOUS CES GENS QUI FONT DES CHOSES IMPORTANTES PENDANT QUE JE DORS!

ET JE N'AI PAS HONTE?

NON? VRAIMENT PAS?

ON NE SE CONNAÎT JAMAIS VRAIMENT BIEN!

26

FIGURE-TOI QU'HIER J'AI DEMANDÉ A MA MÈRE:

MAMAN! TU CROIS QUE LE MONDE VA S'ARRANGER?

BIEN SÛR!

ALORS, JE TE FAIS UNE PROPOSITION: JUSQU'A' CE QUE LE MONDE S'ARRANGE TU NE FAIS PLUS DE SOUPE...

ET ALORS?

LE SOIR, J'AI DÛ AVALER SA CROYANCE AVEC DU VERMICELLE.

DEMAIN, ON A GÉOMÉTRIE. LA POISSE!

BONJOUR, MANOLITO. TU AS DU BOUILLON EN POLYÈDRES?

EN CE QUE VOUS DITES, NON MA-DAMOISELLE! J'AI DES CUBES.

ET C'EST QUOI, UN CUBE? IMBÉ-CILE! LES CUBES SONT DES POLYÈDRES RÉGULIERS!

ET ÇA, C'EST UN CYLINDRE, TU ENTENDS?

NON, NON, CE SONT DES PETITS POIS!

¡BONK!

DEMAIN ON A GÉOMÉTRIE, LA POISSE!

?

ET ADORS? T'AS ZAMAIS VU D'INTELLECDUEL?

VOUS ÊTES-VOUS DÉJÀ DEMANDÉ, CHERS PETITS AMIS, CE QU'EST LA VIE?

EH BIEN, MES PETITS, LA VIE EST COMME UN FLEUVE.

ET CHACUN SE PREND POUR UN INGÉNIEUR HYDRAULICIEN...

27

T'AVAIS PAS VU QUE J'ÉTAIS LA' AVANT LA VOITURE!

S'IL-VOUS-PLAÎT! QUELQU'UN PEUT M'APPORTER MES PANTOUFLES?

S'IL-TE-PLAÎT, MAFALDA! TU PEUX APPORTER LES PANTOUFLES À TON PÈRE?

S'IL-TE-PLAÎT, GUILLE! TU PEUX APPORTER LES PANTOUFLES À TON PÈRE?

S'IL-DE-PL...

PAF!

J'AI TROUVÉ LE TRUC PARFAIT POUR ÊTRE DÉBARASSÉ DE LA SOUPE!

C'EST VRAI? RACONTE!

TU ATTRAPPES UNE MOUCHE; TU LA METS DANS UN FLACON; TU AGITES BIEN LE FLACON POUR L'ÉTOURDIR...

... ET QUAND ON T'APPORTE LA SOUPE... ÉVIDEMMENT LE SPECTACLE N'EST PAS TRÈS... BEURK!...DISCRÈTEMENT TU JETTES LA MOUCHE DEDANS...GULP!... ET ELLE FLOTTE... ET...

1343

OCCUPÉ.

TU AS ENTENDU PARLER DE LA RÉVOLUTION SOCIALE? QUELQUEFOIS, MON PÈRE PARLE DE LA RÉVOLUTION SOCIALE.

QU'EST-CE QU'IL DIT?

IL DIT QUE LA MASSE LABORIEUSE EST EN MARCHE ET QUE LE PROLÉTARIAT FERA LA RÉVOLUTION SOCIALE.

QUAND ÇA?

QUAND ÇA?

1344

IL LE DIT DES FOIS, QUAND IL EST ASSIS DANS LE SALON.

SALUT! FIGURE-TOI QUE CE TRIMESTRE, J'AI EU DE MEILLEURES NOTES QUE JE NE PENSAIS SUR MON CARNET!

CHUTT!!!

?

NE PARLE PAS DU VIETNAM DEVANT NIXON.

ON A VU À LA TÉLÉ UNE ÉMISSION SUR LA DROGUE. PAPA, TU EN AS DÉJÀ GOÛTÉ?

NON MAIS DIS DONC! J'AI UNE TÊTE DE DROGUÉ, PEUT-ÊTRE?

S'IL-DE-PLAÎT!

FAIS PAS ATTENTION, PAPA! IL EN RAJOUTE!

1347

ENV. 1957

tomates avec CURRICULUM? BOUTIQUE "Don MANOLO"

1348

ON VA ZOUER?

JE NE PEUX PAS, GUILLE. J'AI DES DEVOIRS À FAIRE.

MAMAN! MAFADA, ELLE AIME PLUS ZES DEVOIRS QUE MOI!

CE N'EST PAS ÇA GUILLE. JE T'AIME PLUS QUE MES DEVOIRS! MAIS SI JE NE LES FAIS PAS, DEMAIN J'AURAI DES PROBLÈMES TERRIBLES, TU COMPRENDS?

AH...

MAMAN! MAFADA, ELLE AIME PLUS ELLE QUE MOI!

29

BONJOUR, FELIPE. TU AS FAIT LE DEVOIR SUR L'INDÉPENDANCE NATIONALE?

PAS ENCORE.

JE FAIS UN TOUR POUR CHERCHER L'INSPIRATION.

MAIS JE N'AI RIEN TROUVÉ!

1349

1350

MES RESPECTS AU CHANGEMENT DE STRUCTURES.

IL S'EST ENFIN ENDORMI!

PROFITEZ-EN! VITE!

ÇA ME FAIT QUELQUE CHOSE, TU SAIS?

S'IL SE RÉVEILLE ET NOUS APPELLE?

IL VA PLEURER, LE PAUVRE!

MAIS NON! TOUT IRA BIEN! ALLEZ!

1351

VOILÀ LE NUMÉRO DU CINÉMA. S'IL Y A QUELQUE CHOSE, TU NOUS APPELLES!

ALLEZ! CIAO! CIAO! J'ESPÈRE QUE LE FILM SERA BON.

COMMENT? T'ES PAS PATIÉ AVEC LES VIEUX?

SI JE DEVIENS CÉLÈBRE UN JOUR, ON TE METTRA UNE PLAQUE: "SOUS CET ARBRE EST PASSÉ MIGUELITO".

1352

À TOI AUSSI? NON! NON! TU CROIS QUE C'EST DONNÉ LE BRONZE?

...CHETEZ INFRA-ROX, LE CHAUFFAGE DE QUALITÉ.

BOF! DE LA PUBLICITÉ!

...GISTRÉ PAR UN ORCHESTRE VIENNOIS

BOF! MUSIQUE DE VIEUX!

...FLIT ISRAËLO-ARABE...

BOF! TOM ET JERRY!

ON A REÇU UNE LETTRE DE MON FRÈRE. TU TE SOUVIENS DE LUI?

UN GRAND COSTAUD! OUI! OÙ EST-IL?

AUX ETATS-UNIS! IL EST PARTI TRAVAILLER LÀ-BAS IL Y A QUATRE MOIS ET IL A DÉJÀ SA VOITURE! FORMIDABLE, HEIN?

EN PLUS, IL ÉCONOMISE DES DOLLARS! ET QUI C'ÉTAIT ICI, MON FRÈRE? PERSONNE.

QU'EST-CE QU'IL FAIT LÀ-BAS?

IL EST COMMIS DANS UN SUPERMARCHÉ. QUAND VERRA-T-ON DANS CE PAYS UN COMMIS AVOIR UNE VOITURE? DIS-MOI UN PEU!

QUAND LES CHOSES CHANGERONT DE MANIÈRE QU'IL PUISSE EN AVOIR UNE.

JE TE PARLE DES AVANTAGES DE LÀ-BAS ET PAS DE LA SUBVERSION D'ICI.

ZOLEIL? IL Y A DES NUAGES GUILLE. ON NE VOIT PAS LE SOLEIL.

ALLEZ, PAPA! APPOTE LE ZOLEIL!

MAIS MON CHÈRI, C'EST IMPOSSIBLE! JE NE PEUX PAS T'APPORTER LE SOLEIL.

TOI PEUX PAS? EH NON!

S'IL-DE-PLAÎT, MONSIEUR, POSE-MOI PA TERRE.

ET DIRE QU'IL N'Y A PAS MOYEN DE SAVOIR QUI DIT QUOI À PROPOS DE QUI!

31

PRRR- PRRR! PIERRE!
PRRR! PRRRENDS! PRR!

C'EST L'UN DES CÔTÉS LES PLUS DÉPLORABLES DE MA PERSONNALITÉ.

CIAO, MAMAN! JE VAIS JOUER CHEZ FELIPE!

D'ACCORD, CIAO!

ET LE "NE-RENTRE-PAS-TROP-TARD", MÈRE INDIGNE?

ACH! GUTEN MORGEN, FELIPEN! KARANTE CINK MINUTEN DE RRETARD! HEIN?

MAIS, MAD'MOIZELLE, ICH APPORTE DEN MOT D'ABSENCE VON MEINE MUTTER.

C'EST BIEN, MON PETIT. VA T'ASSEOIR.

TU SAIS QUE MA MÈRE EST TRADUCTRICE DE FRANÇAIS, MANOLITO? MOI AUSSI, JE PARLE FRANÇAIS. JE SAIS DIRE **PAPA** EN FRANÇAIS!

AH OUI? C'EST COMMENT?

PAPA.

C'EST FACILE. C'EST PAREIL.

FACILE? PAREIL? PAS DU TOUT! L'IMPORTANT C'EST DE PENSER EN FRANÇAIS! ESSAIE DE DIRE **PAPA** EN LE PENSANT EN FRANÇAIS! ALLEZ! VAS-Y!

RIEN À FAIRE! JE NE POURRAIS JAMAIS PARLER CETTE FOUTUE LANGUE!

1361

DIS, MAMAN, ÇA FAIT COMBIEN DE TEMPS QUE VOUS ÊTES MARIÉS?

NEUF ANS.

ALORS JE NE SUIS PAS NÉE TOUT-DE-SUITE?

NON.

ET DE QUEL DROIT VOUS M'AVEZ FAIT ATTENDRE?

1362

•1214•

OUAH! OUAH! OUAH!

1363

ENCORE UN COUP COMME ÇA ET JE ME DÉGUISE EN POULE MOUILLÉE!

NE COURS PAS AVEC TES SOULIERS NEUFS! ÇA LES ABÎME! NE SAUTE PAS SUR LE CANAPÉ, TU VAS LE DÉFONCER! NE TE TRAÎNE PAS PAR TERRE, TU USES TES VÊTEMENTS!

DIS-MOI À QUOI ÇA SERT D'ÊTRE UN ENFANT SI ON NE TE LAISSE PAS FAIRE LES TRAVAUX PRATIQUES?

DUR-DUR!

JE COMMENCE À SOUPÇONNER QUE, QUAND LA MAÎTRESSE POSE UNE QUESTION, CE N'EST PAS PARCE QU'ELLE NE SAIT PAS LA RÉPONSE.

DIS-MOI, CRÉTIN, TU VIENS RÉELLEMENT DE T'EN APERCEVOIR OU BIEN TU TE PAIES MA TÊTE.

JE ME PAIE TA TÊTE.

ALORS, VA TE FAIRE VOIR.

ET MOI QUI RÉPONDAIS À CETTE SIMULATRICE AVEC MON STUPIDE PETIT TON PROTECTEUR!

ALLÔ, MAMAN? JE RESTE GOÛTER CHEZ MAFALDA!

SI ON M'A INVITÉE? NON, MAIS JE CROIS QUE POUR UN CHOCOLAT... COMMENT? MAIS ÉCOU... BON! ÇA VA! JE RENTRE!

ALLÔ, MADAME? SOYEZ GENTILLE! LAISSEZ LIBERTÉ GOÛTER AVEC... HEIN? À MA MÈRE? UN INSTANT, S'IL-VOUS-PLAÎT...

MAIS, NON MADAME, CE N'EST PAS UN PROBLÈME! JE VOUS EN PRIE... MAIS OUI, AVEC PLAISIR, BIEN SÛR!

TANT DE BRUIT POUR RIEN! MA FAIM EST SI PURE ET SI SIMPLE!

TON PÈRE? PAS POSSIBLE? COMMENT S'EST PASSÉ L'ACCIDENT?

MON PÈRE? ROULAIT SUR UNE AVENUE ET, À UN CROISEMENT, IL Y A UNE VOITURE QUI LUI EST RENTRÉE DEDANS...

ELLE LUI A BOUSILLÉ SON BUDGET MENSUEL, LES NERFS, LA JOIE D'AVOIR UNE VOITURE, LE CARACTÈRE, LA CONFIANCE EN SON PROCHAIN ET UNE AILE.

BONJOUR! PARAÎT QUE TON PÈRE A EU UN ACCIDENT?

OUI, IL ROULAIT SUR UNE...

AH, IL CIRCULAIT SUR LA VOIE PUBLIQUE?

...SUR UNE AVENUE ET, À UN CARREFOUR... D'ACCORD. C'EST ARRIVÉ AU CROISEMENT DE DEUX ARTÈRES...

MAIS POURQUOI ELLE T'A BATTUE?

POUR DES QUESTIONS DE DÉTAIL!

ALLEZ! MANGE! TU L'AS DÉJÀ TELLEMENT RACONTÉ!

MAIS JE NE COMPRENDS PAS COMMENT IL M'EST RENTRÉ DEDANS! J'ARRIVAIS PAR ICI, VOILÀ L'AVE-NUE...

...QUAND, ARRIVÉ AU CARREFOUR, JE VOIS BRUSQUEMENT APPARAÎTRE CETTE BRUTE ROULANT COMME UN FOU...

...PARCE QU'IL FAUT ÊTRE FOU POUR TRAVERSER UNE AVENUE COMME ÇA. COMME JE L'AVAIS VU À TEMPS...

ET QUE J'AI DE BONS RÉFLEXES, J'AI FREINÉ À MORT MAIS CET IMBÉCILE, AU LIEU DE...

...DE BONS REFLEXES, J'AI FREINÉ À MORT, MAIS CET IMBÉCILE...

DIEU A DÛ PRENDRE UN BREVET POUR CET ASILE SPHÉRIQUE?

MAMAN, JE N'AI PAS ENVIE D'ALLER À L'ÉCOLE AUJOURD'HUI!

C'EST NATUREL, FELIPE. MOI AUSSI, J'AI ÉTÉ PETITE.

...ET J'ÉTAIS RAVIE QUAND IL Y AVAIT UN ABSENT, DE POUVOIR M'ASSEOIR À SA PLACE.

JAMAIS JE NE DONNERAI UNE TELLE CHANCE À CE GROS CRÉTIN DE BARTOLUCCI!

PAR CONSÉQUENT, NOTRE PAYS EST LIMITROPHE DE...?

ET, VERS L'INTÉRIEUR, DE NOUS-MÊME. VOUS NE TROUVEZ PAS QUE ÇA SENT PARFOIS LA CLAUSTROPHOBIE?

CINQ, QUATRE, TROIS, DEUX, UN...

ZÉRO...

CA N'ARRANGE RIEN DE JETER TON CARNET, MANOLITO.

MAIS, CES NOTES, TOUJOURS LES MÊMES! CINQ, QUATRE, TROIS, DEUX, UN...

BONJOUR, MIGUELITO. QU'EST-CE QUE TU MANGES?

DU POP-CORN.

¡CROC! ¡CRAC!

¡CRUCH! ¡CROCK! ¡CRUCH! ¡CHUMP! ¡CRICH! ¡CRIK! ¡GULP!

¡CROCK! ¡CRUCHK! ¡CROCK! ¡CRACK!

TU NE SAIS PAS QUE CELUI QUI MANGE SANS PARTAGER A UN CRAPAUD DANS LE VENTRE?

À VRAI DIRE, NOUS LES ÉGOÏSTES, NOUS N'AVONS JAMAIS CRU A CETTE LÉGENDE RÉPUGNANTE.

¡CROCK! ¡CRACK!

BONJOUR, DON BASILE, MES CHAUSSURES SONT PRÊTES?

VOS CHAUSSURES? REGARDEZ CE QUE J'AI COMME TRAVAIL EN RETARD!

COMPOSTU de Calzad

MAIS VOUS ME LES AVIEZ PROMISES POUR LA SEMAINE DERNIÈRE! JE VOUS AVAIS DIT QUE C'ÉTAIT URGENT!

URGENT! VOUS ÊTES VENUE LES CHERCHER LA SEMAINE DERNIÈRE? NON? ET ALORS?

ELLES ÉTAIENT PRÊTES? NON? ALORS? ET PUIS, JE N'AI PAS PU! VOUS CROYEZ PEUT-ÊTRE QUE JE N'AI QUE ÇA À FAIRE, VENIR CHERCHER MES CHAUSSURES?

QU'EST-CE QUE TU FAIS LÀ, MAFALDA?

JE DÉGUSTE LE STYLE NATIONAL...

MA MÈRE NE VEUT PAS QUE JE SOIS TRADUCTRICE DE FRANÇAIS COMME ELLE.

POURQUOI?

ELLE DIT QUE C'EST UN METIÈR DE CRÈVE-LA-FAIM.

MAIS ÇA NE ME FAIT PAS PEUR. L'ESSENTIEL C'EST DE FAIRE QUELQUE CHOSE QUI TE PLAISE.

TU AS RAISON, LIBERTÉ. TU AS DÉJÀ APPRIS À DIRE DES CHOSES?

FOIE GRAS.

QU-EST-CE QU'IL FAIT TON PÈRE, LIBERTÉ?

IL NE SAIT PAS.

COMMENT ÇA, IL NE SAIT PAS?

BEN, NON. IL DIT TOUJOURS: "JE NE SAIS PAS CE QUE JE FAIS LA-BAS".

ET C'EST OÙ "LA-BAS"?

"LA-BAS, C'EST LA GALÈRE", IL DIT.

MAIS... C'EST QUOI, CETTE GALÈRE?

"UNE GALÈRE POURRIE" IL DIT.

TU TE FOUS DE MOI, OU QUOI? VA TE FAIRE VOIR AVEC TES HISTOIRES!

IL Y A UN PRÉJUGÉ CONTRE CEUX DONT LES PARENTS TRAVAILLENT AUX GALÈRES.

"NOUS SOMMES TOUS ÉGAUX SOUS LE REGARD DE DIEU".

QUI C'EST, SON OCULISTE? JE VEUX DIRE... NON... COMME ÇA...

MAIS NON, IL NE VA PAS SE FÂCHER! IL A UNE DE CES PATIENCES AVEC NOUS!

VOUS PERDEZ VOTRE TEMPS LE BONHEUR N'EST PAS LÀ NON PLUS!

MAMAN? MMH?

LA FACULTÉ DE RÉUSSIR OU D'ÉCHOUER DANS LA VIE...

C'EST HÉRÉDITAIRE.

Narration
Sujet: le printemps en Argentine. Le printemps débutte et comence le 21 septembre et se thermine quand tout le monde comence les cources de Noël et de Nouvelan. Les plantes ont des foeilles qui pousse et beaucoup de fleures et les gens demande plus

de Coca Cola, Pepsi etc... ainsi que d'autre boissons et de la bière et des socisses aussi. Les magazin ferme plus tart parse qu'il ne fais pas nuie aussi tôt quand hiver où déjà a sept heure et demi on vent plus rien et par contre

Le printemps ai une meyeur saison alors on ait tous plus content avec le printemps et avec son arrivée.

Manuel Girieur

TU PEUX TROUVER ÇA TRISTE, RACHEL, MAIS DANS DES MOMENTS PAREILS, "MAMAN" C'EST TOUT JUSTE UN PSEUDONYME.

TU SAVAIS QUE LES TORTUES ONT LE SANG FROID?

C'EST POUR ÇA QU'ELLES ASSASSINENT LA VITESSE AVEC UN TEL CALME.

40

GUILLE!

GUILLE! PEUX-TU ME DIRE D'OÙ VIENT CETTE TACHE?

COMMENT? TU ZAIS PAS? LES TACHES, C'EST LES GRANDS ZÉANTS QUI LES FONT! ZÉ VRAI! C'EST UN ZÉANT TRÈS, TRÈS GRRAND, TOUT ZALE QUI L'A APPORTÉE IZI!

ZA? ZA C'EST EN LUI DONNANT LE POUBOIRE.

LA PHRASE D'AUJOURD'HUI DE JEAN LE CLICHY: "TEL UNE MÈRE QUI ALLAITE SON ENFANT...

... L'HOMME CRÉE DE L'ART POUR ALIMENTER SON ESPRIT".

ET QUE SON INTELLECT SE DÉBROUILLE AVEC CETTE TÉTINE!

VOUS SAVEZ TOUS, CHERS PETITS AMIS, A' QUEL NIVEAU L'HUMANITÉ EST ARRIVÉE GRÂCE A' LA TECHNIQUE...

ET A' QUEL NIVEAU GRÂCE A' LA POLITIQUE!

SI TU VEUX SAVOIR, LE LAIT NON PLUS NE FAIT PAS LE BONHEUR!

¡Y/!!!!!!!!!!P!

1397

TU VAS ME DONNER CE BONBON ET TOUTE DE SUITE! ALLEZ! VITE!

1398

S'IL ÉTAIT EN CHAIR ET EN OS, TU VERRAIS UN PEU!

OH! MON DEVOIR DE SCIENCES NAT. J'AI LAISSÉ MON DEVOIR DE SCIENCES NAT. SUR LA TABLE!

AH, NON! JE L'AI! J'AI EU PEUR.

MON DIEU! MON COMPAS! ON A GÉOMÉTRIE ET J'AI OUBLIÉ MON COMPAS.

IL FALLAIT QUE ÇA M'ARRIVE À MOI D'ÊTRE COMME MOI!

1399

TU AIMES LES CHATS? MOI J'AIME LES CHATS.

OUI, MOI AUSSI.

MAIS ÉVIDEMMENT, J'AIME MIEUX LES CHIENS.

ON PARLE DE CHATS, PAS DE CHIENS! QU'EST-CE QU'ILS VIENNENT FAIRE LES CHIENS? QUAND ON PARLE DE CHATS, ON PARLE DE CHATS!

LE JOUR OÙ ON PARLERA DE CHIENS, JE NE VOIS PAS D'INCONVÉNIENTS À PARLER DE CHIENS TANT QUE TU VOUDRAS, MAIS MAINTENANT ON PARLE DE CHATS! IL NE FAUT PAS CHANGER DE SUJET! TOUT LE MONDE A CETTE MANIE!

VOUS, LES AUTRES, VOUS MANQUEZ DE SIMPLICITÉ!

1900

TOUS LES JOURS, ON LUI ENVOIE UN PÈRE ET CE MAUDIT BUREAU NOUS RENVOIE ÇA!

ET DEMAIN, ENCORE L'ÉCOLE!

LA MAÎTRESSE DOIT PENSER LA MÊME CHOSE, ÉVIDEMMENT!

ET LE PRÉSIDENT? C'EST PIRE QUE L'ÉCOLE! IL DOIT ALLER GOUVERNER!

TU AS EU DU FLAIR, TOI! DÉBARQUER DANS UN LIT OÙ TU NE REÇOIS PAS TROP DE SOUPIRS!

MAGASIN CARMONA

IL FAUT RECONNAÎTRE QUE POUR FIXER LES PRIX, CE DÉBILE A LE COEUR QUELQUES CENTIMES PLUS TENDRE QUE NOUS!

COMMENT VA TA TORTUE? QUAND J'ÉTAIS PETITE, ON M'A EMMENÉE AU ZOO ET IL Y AVAIT DES TORTUES?

QUAND TU ÉTAIS PETITE?

ET COMMENT TU ES, MAINTENANT!

AH! AH! "QUAND J'ÉTAIS PETITE" ELLE DIT!

AH NON! JE SAIS COMMENT ÇA FINIT, ÇA!

DU PROBLÈME DE LA TAILLE, ON PASSE À CELUI DE L'ÂGE ET LÀ, J'AI DE QUOI VOUS FLANQUER LA DÉPRIME, ALORS IL VAUT MIEUX S'ARRÊTER LÀ, NON?

BONJOUR SUSANITA! TU LIS QUOI?

UN ROMAN-PHOTOS.

MAIS SUSANITA, TU NE PEUX PAS TE FARCIR LA TÊTE DE CES STUPIDITÉS!

IL SE PASSE DES CHOSES IMPORTANTES DANS LE MONDE! DES CHOSES QUI PEUVENT BRUSQUEMENT CHANGER LE COURS DE L'HUMANITÉ!

TAIS-TOI, IDIOTE! POURQUOI CROIS-TU QUE JE LIS DES ROMANS-PHOTOS?

JE PROFITE DE LA FÊTE DES MÈRES POUR SALUER TOUTES LES MAMANS!

...ET POUR RAPPELER À CERTAINES MASOCHISTES QUE LAVER, REPASSER, ÉPLUCHER FROTTER, LESSIVER...

NE VEUT PAS DIRE LAVER SA CONSCIENCE, REPASSER SON AMOUR-PROPRE, ÉPLUCHER SON ENNUI, LESSIVER SA VIE...

J'AI BESOIN DE MON CRAYON, GUILLE! ALLEZ! DONNE! JE TE LE PRENDS DE FORCE, SINON!

TU VAS VOIR, ZE VAIS LE CASSER! REGARDE! ZE VAIS LE FAIRE!

AH! TU VEUX FAIRE LE MÉCHANT?

VOUI!

MAIS IMBÉCILE, C'EST UNE PROFESSION TRÈS SURCHARGÉE!

ET LA MÊME CHOSE NOUS ATTEND TOUS! C'EST INSALUBRE, LA VIE!

POUR LA SUCCESSION, MAIS LA BELLE-FILLE EST ARRIVÉE AVEC SON HISTOIRE D'HYPOTHÈQUE ET LE BEAU-FRÈRE DE JULIE A DIT QU'IL REFUSAIT DE SIGNER ET...

D'OÙ PANCHITO AVAIT-IL TIRÉ QUE LES MEUBLES ÉTAIENT POUR LILY? CETTE LILY D'AILLEURS, C'EST UNE DRÔLE.' DIEU VEUILLE QUE...

PAUVRE BON DIEU, ON LE FOURRE DANS DE CES RAGOTS!

MIGUELITO EST LÀ, TU CROIS? C'EST AU DEUXIÈME ÉTAGE, NON?

OUI.

ET UN DE CES JOURS, JE NE M'ESSUIERAI PAS LES PIEDS AVANT D'ENTRER, JE NE RANGERAI PAS MES JOUETS, JE NE FERAI PAS ATTENTION AUX TAPIS, NI.

AUX RIDEAUX, JE NE ME LAVERAI PAS LES MAINS, NI LES OREILLES, NI RIEN.'

UN DE CES JOURS, JE VAIS FAIRE UN COUP D'ÉTAT!

¡!

MON DIEU.' CA VA SI MAL QUE ÇA?

45

AU SECOURS!

ON REGARDE LA TÉLÉ?

NON MERCI! JE VEUX ÊTRE QUELQU'UN ET PAS UN CHIFFRE DE PLUS DANS LES STATISTIQUES!

DANS QUELLES STATISTIQUES?

DANS LES STATISTIQUES! TU NE PEUX PAS ALLUMER LA TÉLÉ, CRAC! TU ENTRES DANS LES STATISTIQUES, MÊLÉ A TOUS CEUX QUI REGARDENT LA TÉLÉ!

ET ALORS? EN CE MOMENT AUSSI TU ES DANS LES STATISTIQUES, MÊLÉ A TOUS CEUX QUI NE REGARDENT PAS LA TÉLÉ, NON?

ALLEZ, MIGUELITO! C'EST SUPERMAN! TU N'AIMES PAS SUPERMAN?

OUIF!

MON MARI SERA GRAND, BRUN, AUX YEUX VERTS!

ET IL N'Y AURA JAMAIS RIEN ENTRE NOUS QUI PUISSE TERNIR NOTRE BONHEUR.

MON MARI SERA GRAND, BRUN, ET SANS MÈRE...

ET IL N'Y AURA JAMAIS RIEN ENTRE NOUS QUI PUISSE TERNIR...

JE PENSE A UNE CHOSE... CE SERAIT POSSIBLE QUE LE GOUVERNEMENT CONTINUE COMME ÇA, TOUT PAREIL...

...MAIS QU'IL SE METTE A SOCIALISER L'INDUSTRIE DU BONBON, QU'IL EXPROPRIE LES FABRIQUES ET QU'IL DISTRIBUE LES BONBONS GRATIS?

TU M'AS ZAMAIS VU? T'AS ZAMAIS ENTENDU PALER DE LA SOCIÉTÉ DE CONSOMMATION, TOI?

TU M'AS ZAMAIS VU? T'AS ZAMAIS ENTENDU PALER D'INDIZESTION?

¡ÑIC!

¡ÑIC!

MMH!

C'EST AUTRE CHOSE QUE LA CENSURE!

TU AS DÉJÀ ÉCOUTÉ CES TANGOS QUI RACONTENT LE DRAME D'UN PAUVRE TYPE QUI NE PEUT OUBLIER SON PASSÉ ET QUI RETOMBE DANS LES GRIFFES DE SON VICE?

BIEN SÛR QUE SI! POURQUOI?

CHUIÍÍPI CHUIÍÍP
SCHUIP CHUIÍP
CHUIÍÍÍP
CHUIÍÍPI
CHUIÍÍÍP
CHUIÍÍSP
CHUIÍÍP
CHUIIPI

TU NE MANGES PLUS? C'EST DOMMAGE DE JE-TER ÇA?

OUI, MAIS J'AI MANGÉ POUR TOUTE L'ANNÉE!

PAPA, J'Y PENSE QUAND TU AURAS FINI DE PAYER LES TRAITES DE LA VOI-TURE, TU POURRAS M'ACHE-TER... LES TRAITES?

QUAND J'AURAI PAYÉ?. ACHETER...

47